스물여섯 단어로 배우는 **흥미진진한 과학 이야기**

과학의 ABC

"ABCs OF SCIENCE"

크리스 페리 지음 | **정회성** 옮김

Amoeba
아메바

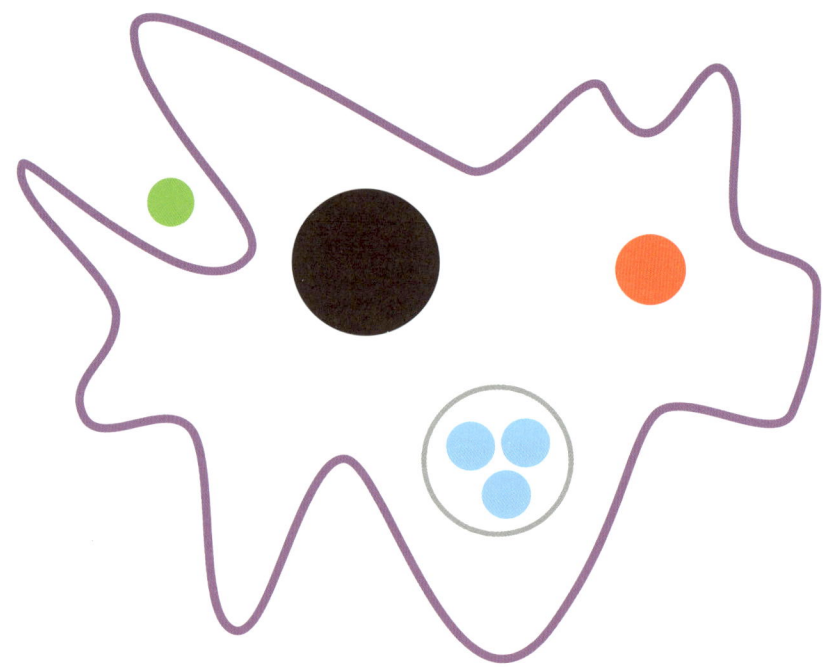

아메바는 모양을 바꿀 수 있는 세포의 한 종류예요.

아메바는 움직이거나 먹이를 먹기 위해 모양을 바꿔요. 우리 몸 안에 있는 백혈구는 감염으로부터 몸을 보호하기 위해 아메바처럼 움직여요.

Bond
결합

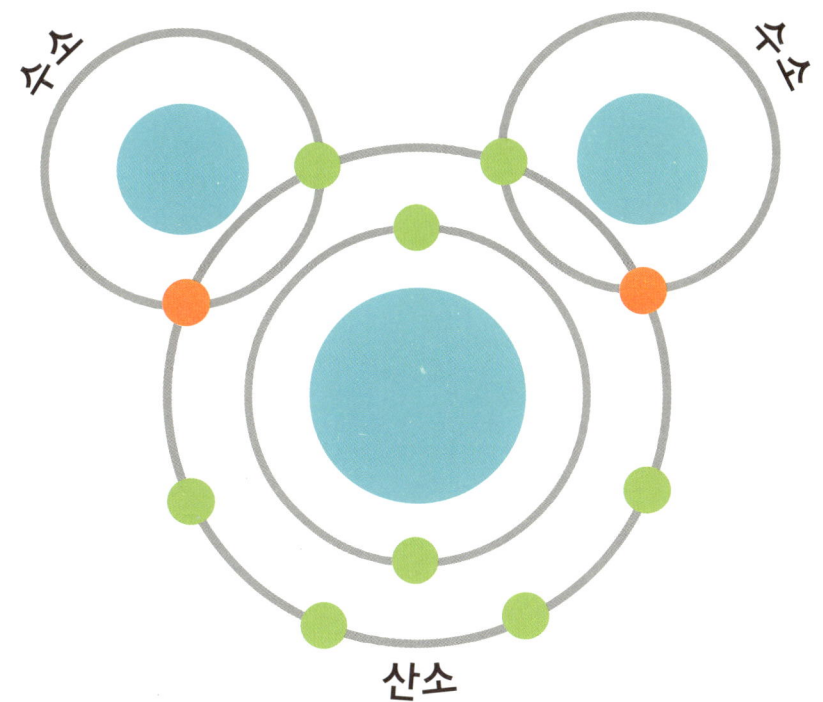

결합은 원자들을 하나로 묶어 주는 힘이에요.

위 그림에서 수소 원자와 산소 원자는 전자를 공유해서 결합했어요. 이 결합으로 물 분자인 H_2O가 만들어진답니다.

Conductor
도체

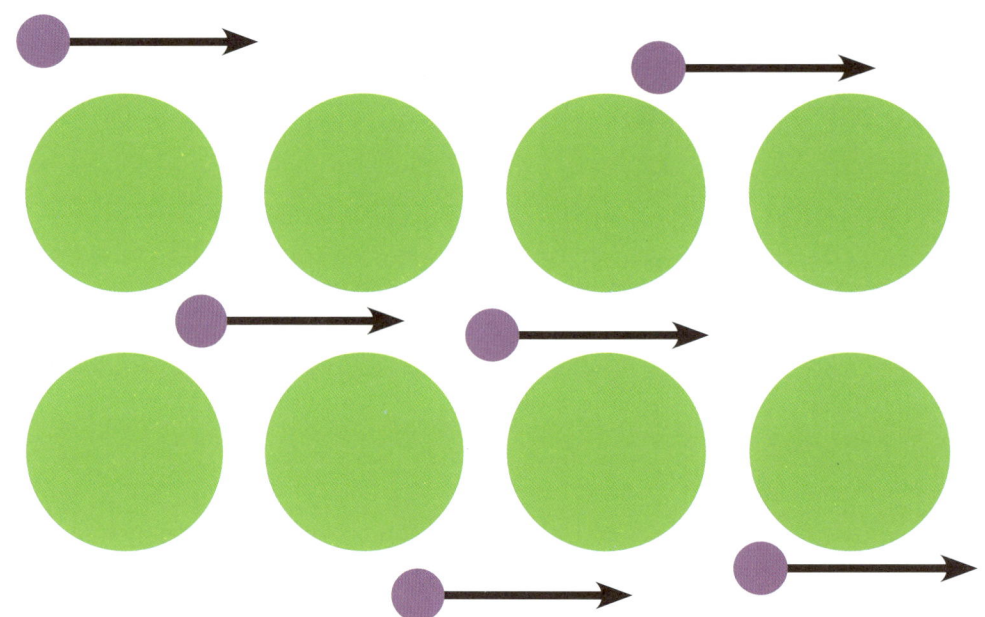

도체는 전기 에너지가 흐를 수 있는 물질이에요.

도체에서는 전자가 자유롭게 움직여요. 반대로 전자가 잘 움직이지 못해서 전기가 흐르기 어려운 물질은 '절연체'라고 해요.

Doppler effect
도플러 효과

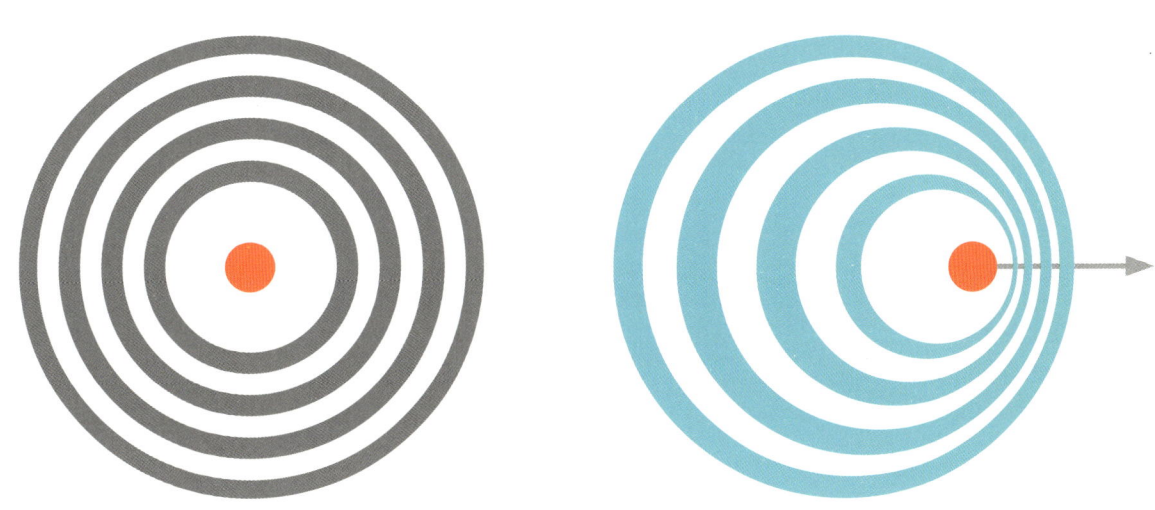

도플러 효과는 움직이는 사물이 내는 소리를 들을 때 일어나는 현상이에요.

구급차가 지나갈 때 나는 사이렌 소리를 예로 들 수 있어요. 구급차가 사이렌을 울리며 우리를 향해 다가올 때의 소리와, 구급차가 우리를 지나 멀어질 때의 소리가 다르지요? 이는 소리를 내는 물체가 가까워지면 음파(소리의 물결) 사이의 길이가 짧아지고, 물체가 멀어지면 음파 사이의 길이가 길어지기 때문에 일어나는 현상이에요.

Electron
전자

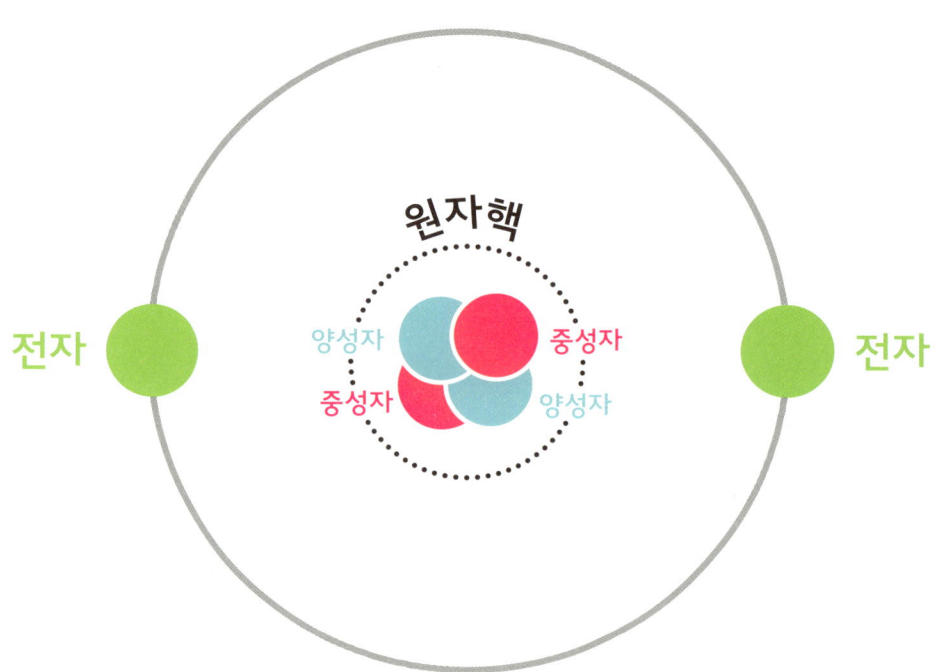

전자는 음전하를 띠고 있는 작은 입자예요.

전자는 원자를 만들기 위해 원자핵의 궤도를 돌아요. 전자는 자연의 거의 모든 것을 구성하는 아주 중요한 요소예요.

Fulcrum
받침점

받침점은 물체를 받치는 지렛대를 괸 고정된 점이에요.

받침점은 우리가 일을 쉽게 할 수 있도록 도와주는 아주 간단한 장치예요. 가위에서 두 개의 날은 지렛대이고, 이 둘이 연결되는 지점이 받침점 역할을 해요.

Gene
유전자

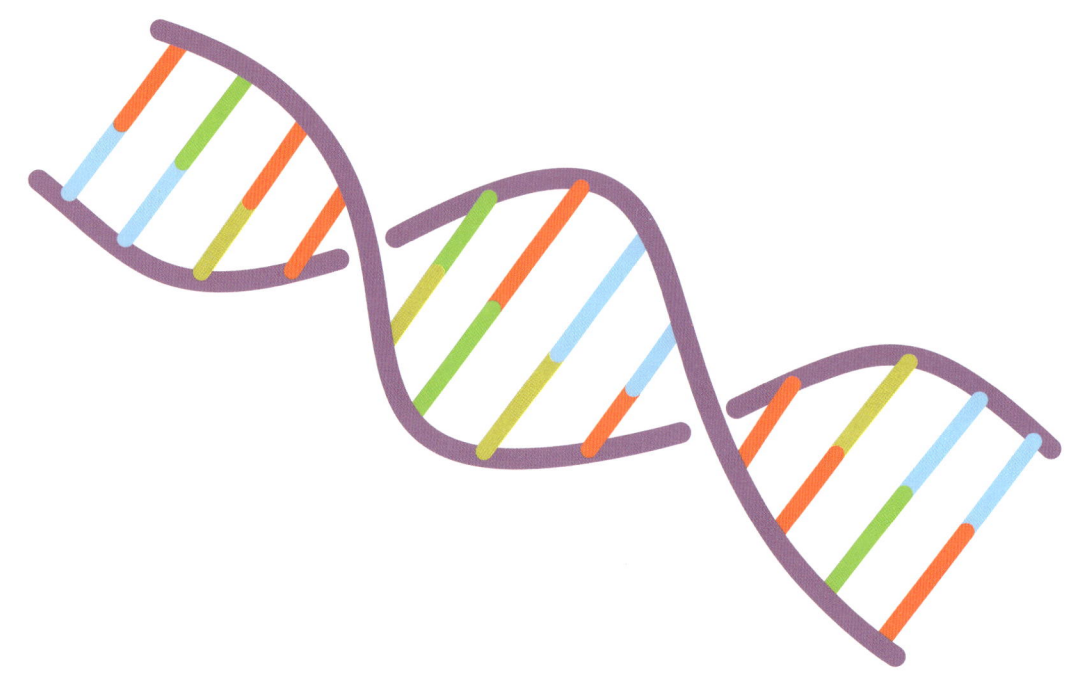

유전자는 DNA의 일부예요.

유전자는 유전을 일으키는 단위예요. 아이는 엄마와 아빠에게 유전자를 물려받아요. 하지만 그 과정에서 유전자가 조금 변화하기 때문에 아이가 엄마, 아빠와 똑같지 않은 거예요. 유전자의 변화는 감수 분열이라는 세포 분열과 돌연변이에 의해 일어나요.

Hydrogen
수소

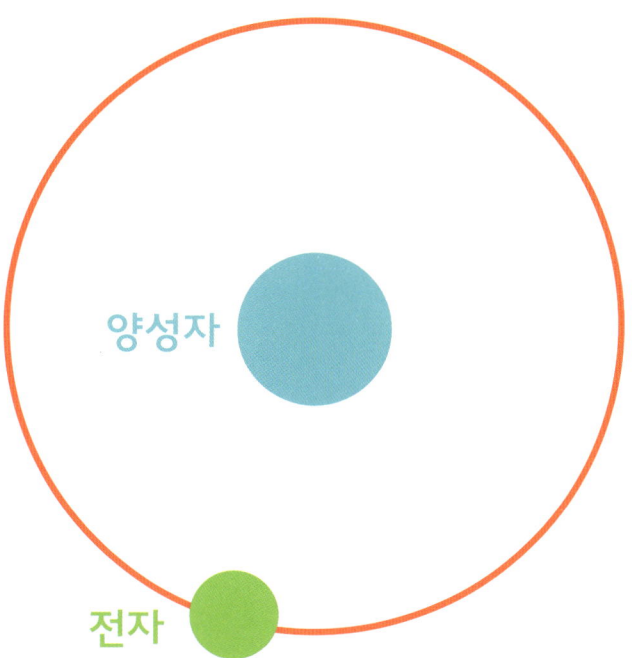

수소는 주기율표의 첫 번째 자리를 차지하는 원소예요.

수소의 원자 번호는 1이에요. 이는 수소 핵에 양성자가 하나 있다는 뜻이에요. 우주에 가장 많은 원소가 바로 수소예요.

Igneous
화성암

화성암은 용암이 식어서 굳은 바위예요.

화산이 폭발하면 엄청나게 뜨거운 용암이 흘러나와요. 그 용암은 식어서 굳는데, 이때 생긴 바위를 화성암이라고 해요. 화성암은 종류가 수백 가지나 돼요. 대표적인 화성암으로는 화강암, 현무암, 흑요석이 있답니다.

Jet
제트

제트는 액체나 기체 상태의 물질이 좁은 구멍을 지나며 세차게 뿜어져 나오는 현상을 말해요.

꽃밭에 물을 줄 때 호스에서 물이 세차게 뿜어져 나오는 것도, 비행기가 나는 것도 제트의 원리를 이용한 거예요. 비행기 엔진은 연료를 태울 때 나오는 기체를 좁은 관을 지나게 해 빠른 속도로 뿜어내요. 그러면 비행기가 반대 방향으로 힘을 받아 나아가지요. 그 힘을 '추력'이라고 해요.

Kinetic Energy
운동 에너지

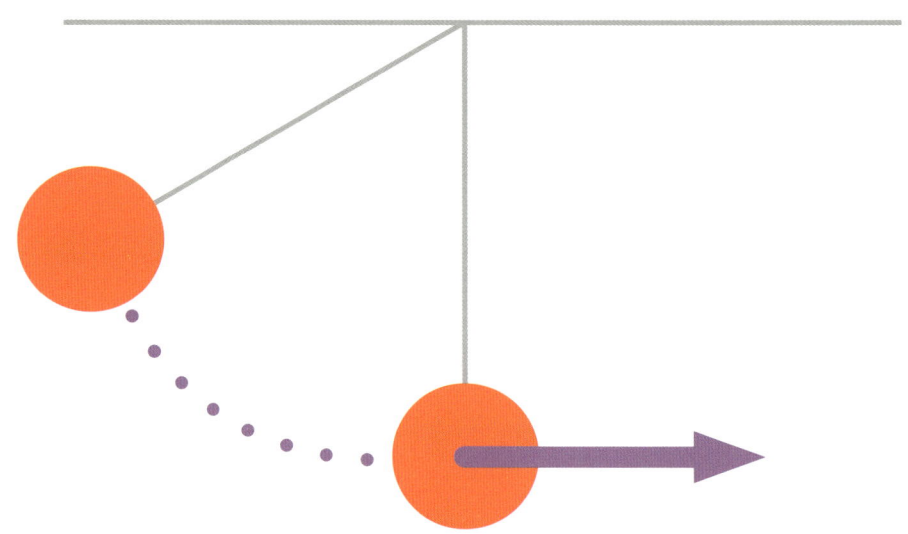

운동 에너지는 움직이는 물체가 가진 에너지예요.

움직이지 않는 물체는 다른 에너지로 바뀔 잠재력을 갖춘 '퍼텐셜 에너지'를 가지고 있어요. 영어 단어 퍼텐셜(potential)은 '변화할 수 있는'이라는 뜻이에요. 운동 에너지와 퍼텐셜 에너지는 마치 시소처럼 서로 바뀔 수 있어요.

Light
빛

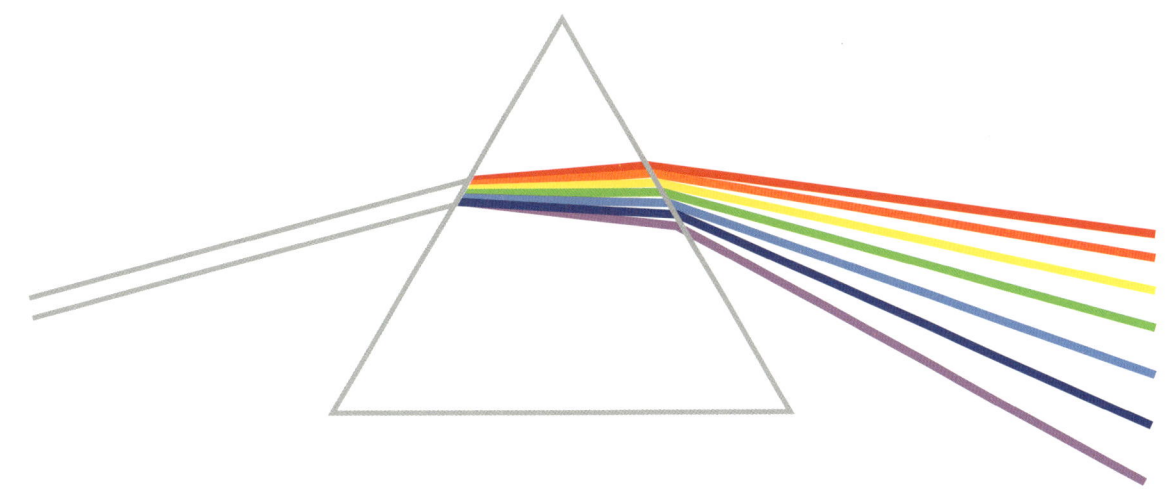

빛은 사람 눈에 보이는 전자기 스펙트럼의 일부예요.

스펙트럼은 파동을 파장에 따라 쪼개어 놓은 걸 말해요. 전자기파는 여러 스펙트럼을 가져요. 그 가운데 와이파이, 라디오, 엑스레이는 눈에 보이지 않고, 빛은 우리 눈에 보이는 전자기파예요. 빛을 파동이 아닌 입자로 보았을 때는 '광자'라고 해요.

Mitosis
체세포 분열

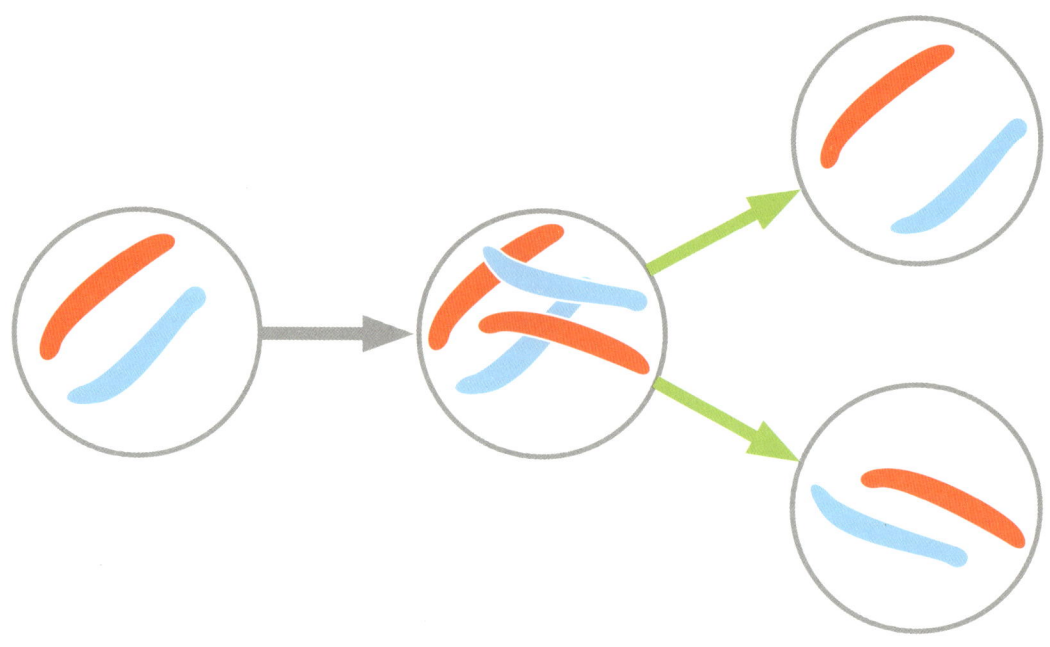

체세포 분열은 DNA를 복제해 세포가 갈라지는 걸 말해요.

체세포 분열이 일어나면 한 개의 세포가 두 개로 갈라져요. 새로운 세포가 생겨나는 거예요. 우리 몸에서는 이렇게 새로 생겨난 세포가 자라나며 오래된 세포를 대신해요.

Nebula
성운

성운은 우주에 있는 거대한 구름이에요.

성운은 먼지와 가스로 이루어져 있어요. 별이 태어나는 곳이 바로 성운이에요. 또 별이 죽어 가면서 폭발할 때 성운이 생겨나기도 하지요. 이때 폭발하며 밝게 빛나는 별을 '초신성'이라고 해요.

Ozone
오존

오존은 세 개의 산소 원자로 이루어진 분자예요.

오존의 화학식은 O_3예요. 지구에는 지상에서 약 15~50킬로미터 떨어진 대기에 오존층이 있어요. 오존층은 태양에서 오는 해로운 자외선을 막아 준답니다.

Proton
양성자

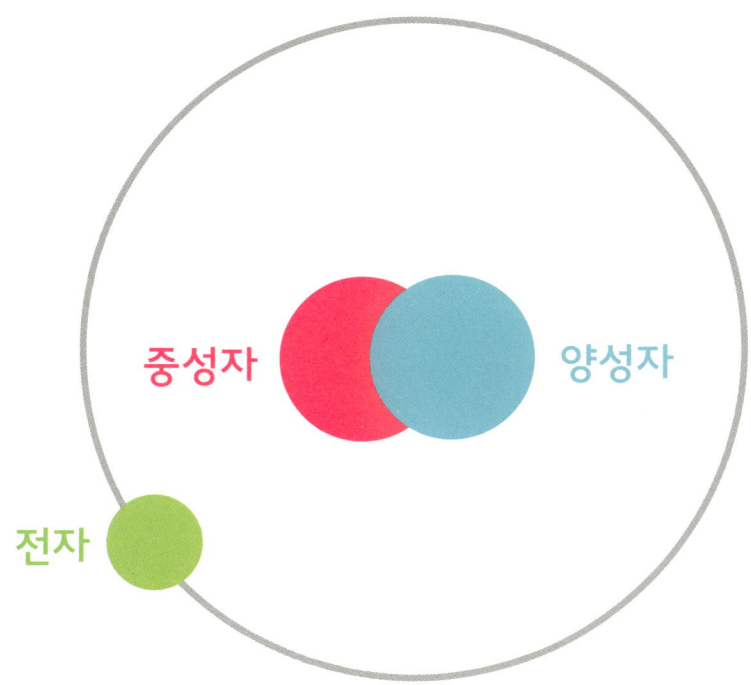

양성자는 중성자와 함께
원자핵을 이루는 작은 입자예요.

양성자는 양전하를 가지고 있어요. 양성자와 중성자는 '쿼크'라고 하는 세 개의 아원자 입자로 이루어져 있어요. 원자보다 더 작은 입자를 아원자라고 해요.

Quark
퀴크

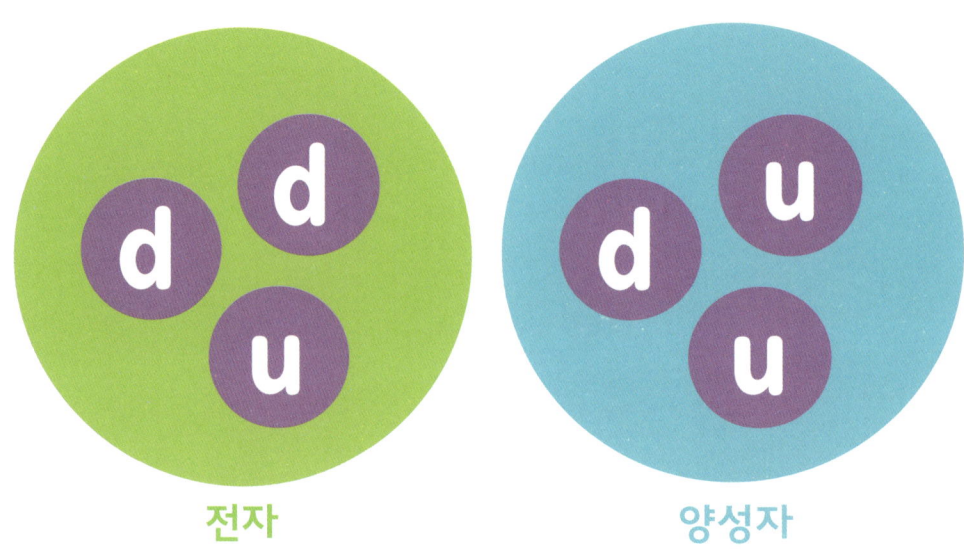

퀴크는 아원자 입자의 한 종류예요.

퀴크는 입자 물리학에서 다루는 표준 모형의 입자 가운데 하나예요. 퀴크에는 여섯 종류가 있어요. 위 퀴크와 아래 퀴크, 꼭대기 퀴크와 바닥 퀴크, 맵시 퀴크와 야릇한 퀴크예요.

Radiation
방사선

방사선은 모든 물체에서 나오는 빛이에요.

이렇게 나오는 빛의 색은 온도에 따라 달라요. 우리 몸도 빛을 내보내지만, 사람에게서 나오는 빛은 우리 눈에 보이지 않는 적외선이에요.

Sun
태양

태양은 지구에서 가장 가까운 별이에요.

태양은 대부분 수소로 이루어져 있어요. 태양에서 뿜어져 나오는 빛은 지구상의 모든 에너지의 원천이에요. 우리는 보통 태양을 노란색으로 그리지만, 실제 태양의 빛에는 모든 색이 포함되어 있어요.

Theory
이론

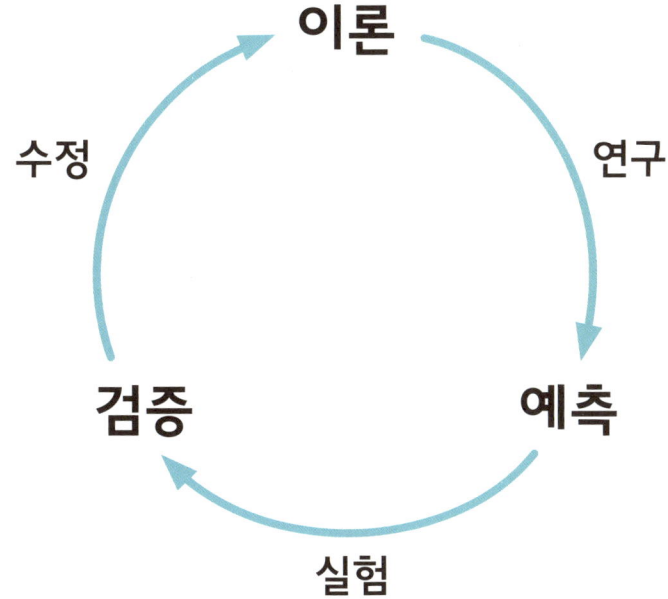

과학은 자연에 대한 설명들을 모은 것이에요.

설명 하나하나를 다른 말로 '이론'이라고 해요. 과학자들은 이론을 세우기 위해 예측하고, 실험하고, 검증해요. 좋은 이론은 많은 검증을 거친 이론이에요.

Ultraviolet
자외선

자외선은 우리 눈으로 볼 수 없어요.

자외선은 높은 에너지를 지닌 빛이에요. 자외선은 파란색과 보라색 빛보다 더 높은 주파수를 가지고 있어요. 태양에서 나오는 자외선은 피부를 태울 수 있으므로 조심해야 해요!

Vaccine
백신

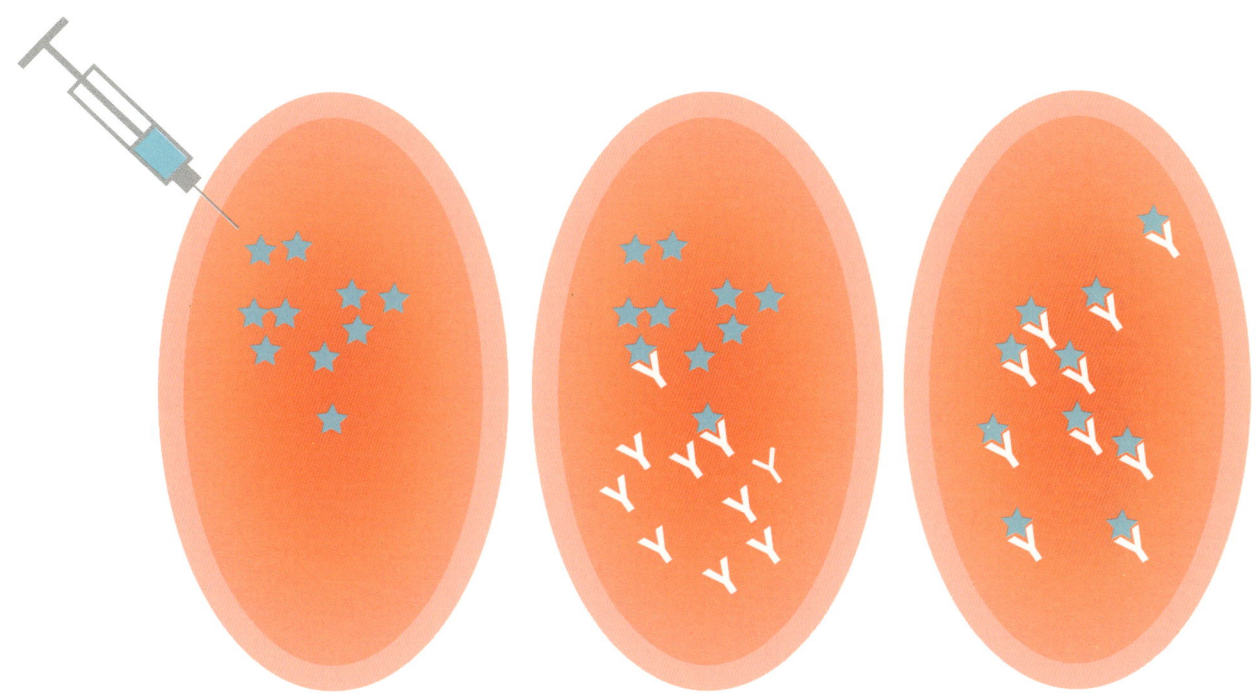

백신은 질병이 퍼지는 걸 막아요.

백신 중에는 바이러스나 질병을 약하게 해서 만든 것도 있어요. 백신을 맞으면 우리 몸은 면역력을 높일 수 있어요. 우리 몸이 바이러스와 싸울 준비를 마친 거예요!

Wave
파동

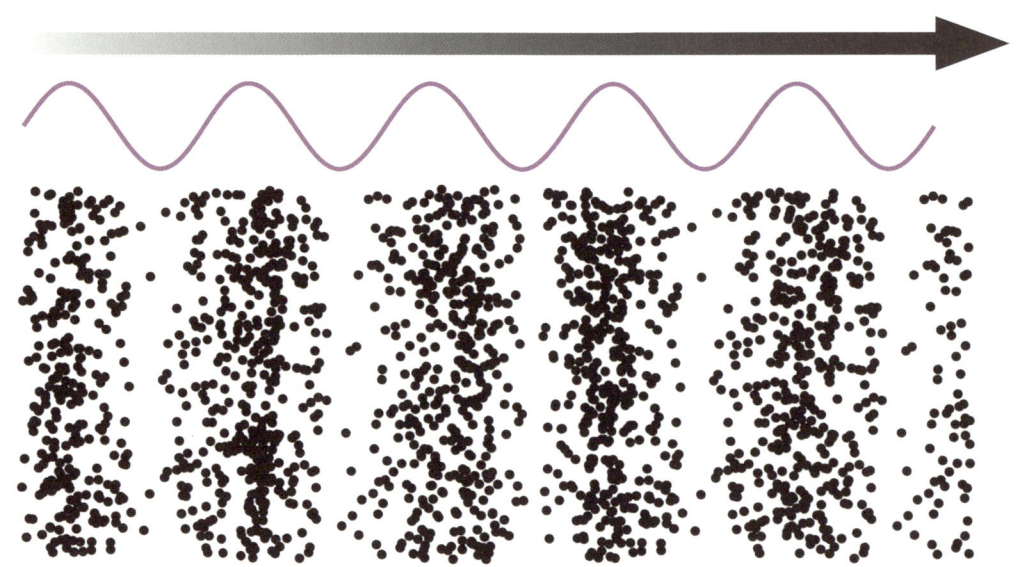

파동은 물질 또는 공간의 한곳에서 시작된 에너지가 물결처럼 퍼져 다른 곳으로 이동하는 현상이에요.

파동의 종류는 많아요. 파도, 지진, 빛은 모두 파동을 통해 에너지를 전달하는 현상이에요. 또 소리가 흘러나오는 곳에서 사람의 고막으로 에너지가 전달되는 것도 파동이지요. 이때 에너지는 우리 귀 안쪽에 있는 고막을 진동시켜서 우리가 듣는 소리를 만들어요.

Xylem
물관

물관은 뿌리에서 잎까지 물을 옮기는 식물의 한 부분이에요.

물관 세포는 식물의 줄기에 있는 기다란 관에 촘촘히 들어차 있어요. 이 세포는 스펀지처럼 물을 빨아들인답니다.

Yotta
요타

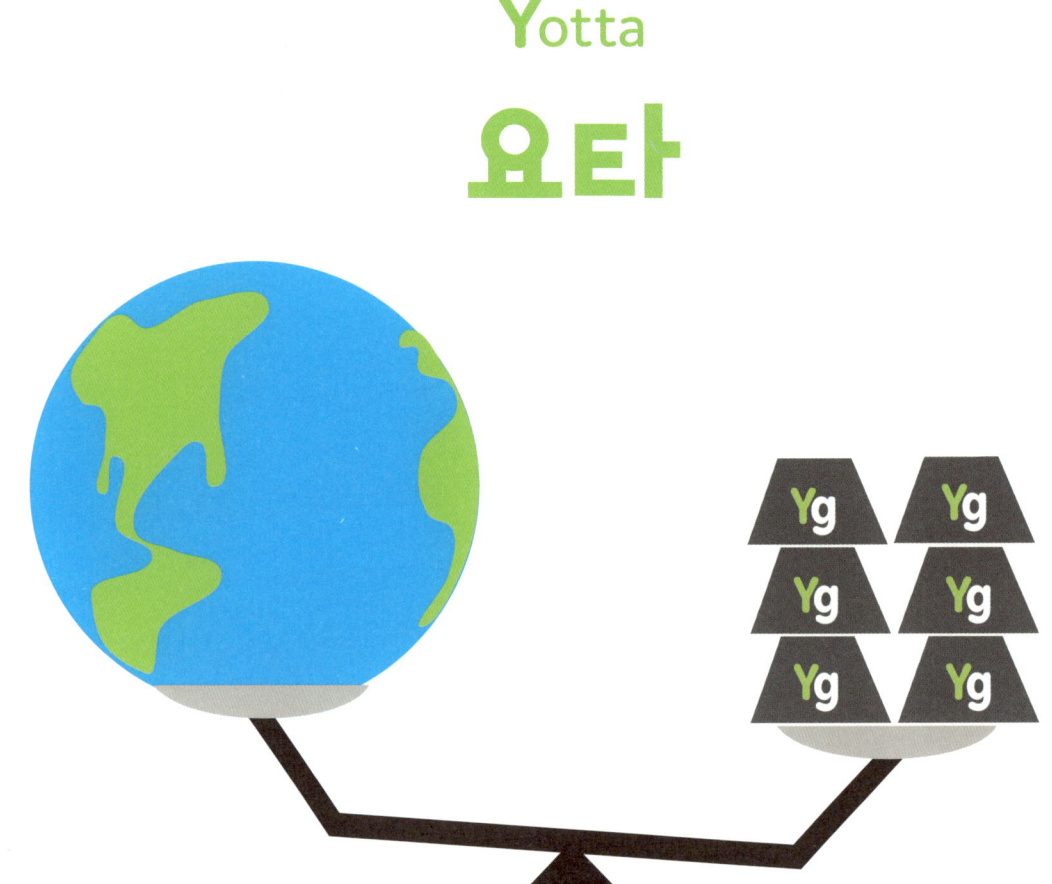

요타는 전 세계 과학자들이 쓰는
표준 단위 앞에 붙는 단어 가운데 하나예요.

마치 '킬로'처럼요. 1킬로그램(kg)은 1000그램(g)이지요? 1요타그램(Yg)은 1,000,000,000,000,000,000,000,000그램이에요. (우아!) 지구의 무게는 약 6요타그램이랍니다.

Zygote
접합자

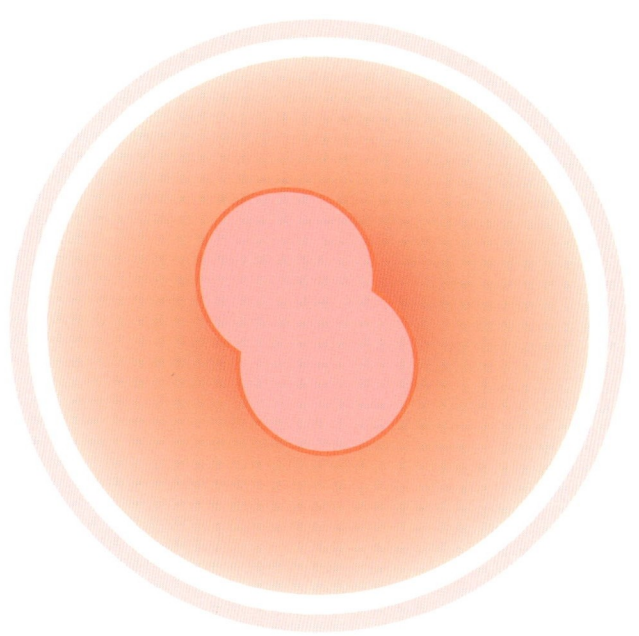

접합자는 생명체가 만들어지는 과정의 첫 번째 단계예요.

접합자는 정자의 핵과 난자의 핵이 합쳐진 것으로, 부모 양쪽의 DNA를 가진 세포예요. 접합자는 새로운 개체를 만들기 위해 체세포 분열을 할 준비를 한답니다.

과학의 ABC

초판 1쇄 발행 2023년 11월 23일
지은이 크리스 페리　**옮긴이** 정회성
펴낸이 김현태　**펴낸곳** 책세상어린이　**등록** 2021년 1월 22일 제2021-000032호
주소 서울시 마포구 잔다리로 62-1, 3층(04031)　**전화** 02-704-1251　**팩스** 02-719-1258
이메일 editor@chaeksesang.com　**광고·제휴 문의** creator@chaeksesang.com
홈페이지 chaeksesang.com　**페이스북** /chaeksesang　**트위터** @chaeksesang
인스타그램 @chaeksesang　**네이버포스트** bkworldpub

ISBN 979-11-5931-998-3 74080
ISBN 979-11-5931-998-3 74080

잘못되거나 파손된 책은 구입하신 서점에서 교환해 드립니다.
책값은 뒤표지에 있습니다.
책세상어린이는 도서출판 책세상의 아동·청소년 브랜드입니다.
전 연령의 어린이에게 적합한 도서입니다. Printed in Korea

All rights reserved
including the right of reproduction in whole or in part in any form.
This edition published by arrangement with Sourcebooks, LLC.
This Korean translation published by arrangement with
Chris Ferrie in care of Sourcebooks, LLC through Alex Lee Agency ALA.

이 책의 한국어판 저작권은 알렉스리에이전시 ALA를 통해 Sourcebooks, LLC사와 독점 계약한 책세상에 있습니다.
저작권법에 의해 한국 내에서 보호를 받는 저작물이므로 무단 전재와 복제를 금합니다.